뽀드득 뽀드득
튼튼한 이

에드워드 밀러 글·그림 | 윤소영 옮김

아이세움

이가 한 개도 없다면 어떨까요? 음, 아주 불편할 거예요.
먹거나 말하기도 힘들고, 방긋 웃거나 휘파람을 불거나
노래 부르기도 어려울 테니까요.

동물들도 이빨이 있어요.

개의 이빨은
마흔두 개예요.

고양이 이빨은 서른 개예요.

쥐의 앞니는 평생 자라요.
그래서 쥐는 나무 같은 것을
갉아 이빨 끝을 다듬어요.

악어는 입을 다물어도 이빨이 삐죽삐죽 삐져나와요.

말의 이빨은 오랫동안
조금씩 길게 자라요.

돼지 이빨은 마흔네 개예요.

4

멧돼지는 길게 튀어나온
엄니로 땅을 파지요.

코끼리는 아주 크고 긴
엄니가 있어요.
코끼리 엄니는
상아라고도 해요.

뱀은 먹잇감을 이빨로
물어 죽여요. 그러곤
통째로 꿀꺽 삼킨답니다.

바다코끼리는 얼음에 엄니를 박아서
몸이 움직이지 않도록 한 다음,
쿨쿨 잠을 잔대요.

잠깐! 오리는
이빨이 없어요.

꽥 꽥!

이도 나이를

| 0 | 6개월 | 2년 6개월 |

젖니는 아기가
태어나기 전부터
만들어져요.

아기가 태어나고
약 6개월이 지나면
젖니가 잇몸을
뚫고 나와요.
보통 아래쪽 앞니
두 개가 제일 먼저
나오지요.

생후 6개월부터 나기 시작한
젖니는 2년 6개월이면
거의 다 나와요.
젖니는 보통 스무 개가 나지요.

사람은 평생 이를 두 벌 지녀요. 처음 나는 이를 **젖니**라고 해요.

6

먹어요

6년
7년
13년

여섯 살에서 일곱 살이 되면 젖니가 빠지기 시작해요.

여섯 살에서 열세 살 사이에는 젖니가 빠진 자리에서 간니가 나와요. 그리고 그 안쪽에서 여덟 개의 뒤어금니가 나오지요. 간니와 뒤어금니를 합쳐서 영구치라고 해요.

열일곱 살에서 스물한 살 사이에 다시 네 개의 뒤어금니가 나와요. 이 이를 사랑니라고 하는데, 사랑니가 나지 않는 사람도 있어요.

사랑니까지 나면 영구치는 모두 서른두 개가 된답니다.

두 번째로 나는 이는 **영구치**예요. 영구치는 평생 우리와 함께할 거예요. 빠지면 다시 나지 않으니 잘 보살펴야 해요.

이 속에는 무엇이 있을까요?

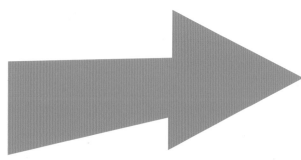

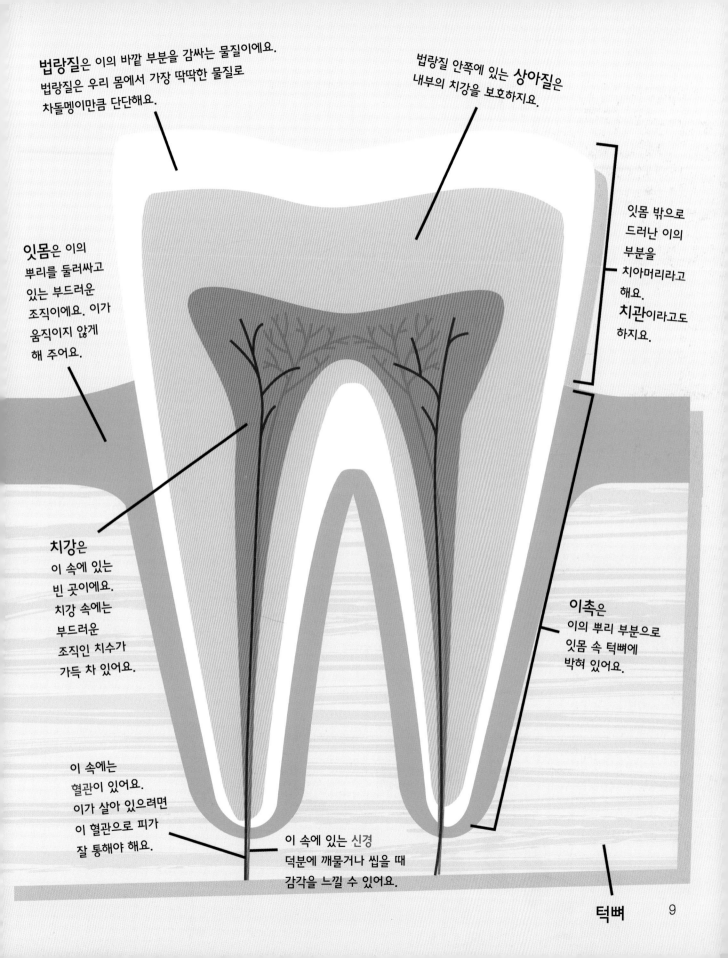

법랑질은 이의 바깥 부분을 감싸는 물질이에요.
법랑질은 우리 몸에서 가장 딱딱한 물질로
차돌멩이만큼 단단해요.

법랑질 안쪽에 있는 **상아질**은
내부의 치강을 보호하지요.

잇몸 밖으로
드러난 이의
부분을
치아머리라고
해요.
치관이라고도
하지요.

잇몸은 이의
뿌리를 둘러싸고
있는 부드러운
조직이에요. 이가
움직이지 않게
해 주어요.

치강은
이 속에 있는
빈 곳이에요.
치강 속에는
부드러운
조직인 치수가
가득 차 있어요.

이촉은
이의 뿌리 부분으로
잇몸 속 턱뼈에
박혀 있어요.

이 속에는
혈관이 있어요.
이가 살아 있으려면
이 혈관으로 피가
잘 통해야 해요.

이 속에 있는 신경
덕분에 깨물거나 씹을 때
감각을 느낄 수 있어요.

턱뼈

9

이가 빠져요

사람은 보통 여섯 살부터 젖니가 하나 둘 빠지기 시작해서 열세 살이면
이를 다 갈아요. 젖니가 빠진 곳에서는 간니가 자라지요.
많은 아이들이 이 빼는 것을 무서워하지만, 빠질 때가 다 되어 흔들리는
이는 뺄 때 아프지 않아요. 이를 빼고 나면 잇몸에서 피가 날 거예요.
이 때 솜을 살짝 물고 있으면 금세 피가 멎어요.
사실, 이가 빠진다는 건 아주 멋진 경험이랍니다.

"까치야, 까치야! 헌 이 줄게. 새 이 다오."
우리 나라에는 빠진 이를 지붕 위로 던지면서
이렇게 비는 풍습이 있어요.
중국, 인도, 그리스에서도 빠진 이를
지붕 위로 던지면서 튼튼한 이가
나게 해 달라고 빌지요.

미국, 영국, 캐나다에서는 빠진 이를
베개 밑에 놓고 잠을 자요. 아이들이 잠이 들면
이의 요정이 찾아와 이를 가져가는 대신
돈이나 선물을 놓고 간다고 해요.

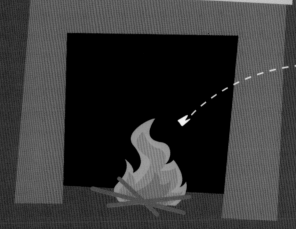

몇백 년 전에는 빠진 이를 벽난로에 던졌어요.
마녀가 이에 저주를 내리지 못하게 하려고 그랬대요.

빠진 이를 유리잔, 상자, 쥐구멍,
실내화 속에 집어넣는 아이들도 있어요.

멕시코, 프랑스, 스페인에서는
쥐가 이를 가져가는 대신
보물을 놓고 간다고 해요.

영구치

이는 음식물을 잘게 자르고 부수어 삼킬 수 있게 해 주지요.
이는 종류별로 다른 역할을 해요.

앞니는 위아래 네 개씩 모두 여덟 개예요.
앞니는 음식물을 잘라 주지요.

송곳니는 뾰족해서 음식물을 찢어 주어요.
위아래 두 개씩 모두 네 개가 있지요.

앞어금니는 위아래 네 개씩 모두 여덟 개가 있어요.
이에 뾰족한 부분이 있어서 음식물을 찢고 으깨 주어요.
앞어금니는 젖니 어금니가 빠진 곳에서 나와요.

뒤어금니는 입 안의 가장 안쪽에서 나와요.
음식물을 갈고 으깨어 아주 작은 조각으로 만들어 주지요.

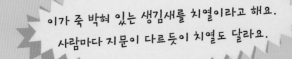

이가 죽 박혀 있는 생김새를 치열이라고 해요.
사람마다 지문이 다르듯이 치열도 달라요.

12

뒤어금니

앞어금니

송곳니

앞니

앞니

송곳니

앞어금니

뒤어금니

충치

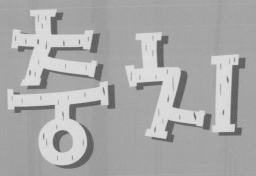

치태

세균

충치

잇몸병

충치는 벌레 먹은 이라는 뜻인데, 충치가 생기면 우리는 흔히 '이가 썩었다'고 해요. 이 표면에 붙어 있는 끈끈한 막을 치태라고 하는데, 그 속에는 아주 작은 세균들이 살고 있어요. 이 세균들이 충치를 만드는 범인이랍니다.

충치가 생기면 단단한 이도 구멍이 나요. 구멍이 커지면 심하게 아파요.

잇몸병은 세균의 공격으로 잇몸이 상해서 붓고 아픈 병이에요. 이를 지탱하는 잇몸이 튼튼하지 않으면 이가 빠질 수도 있어요.

먼 옛날, 이가 아프면 이 속에 사는 벌레가
이를 파 먹어서 그렇다고 생각했어요.

고대 이집트에서는 방금 죽은 쥐를
이에 붙이면 이앓이가 낫는다고 믿었어요.

미국의 초대 대통령 조지 워싱턴은 충치가
심했어요. 그래서 결국 이를 모두 빼야 했지요.
워싱턴은 상아, 금, 사람 이, 동물 이빨로
틀니를 만들었어요. 그리고 용수철로 이어서
사용했지요. 워싱턴은 잘 웃지 않았다고 해요.
틀니 때문에 그랬는지도 모르죠.

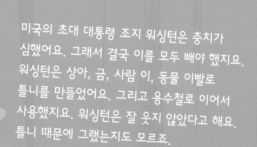

중세 유럽에서는 당나귀와 뽀뽀를 하면
이앓이가 사라진다고 생각했어요.

이닦기

충치와 잇몸병을 예방하려면 칫솔에 치약을 묻혀서 쓱쓱 싹싹 이를 깨끗이 닦아야 해요. 칫솔질을 잘 하면 이와 이 사이에 낀 음식물 찌꺼기와 치태를 없앨 수 있어요.

바른 칫솔질

1 치약을 이만큼 짜서 칫솔에 묻혀요.

옛날에는 비누와 분필을 치약 만드는 재료로 사용했어요.

웩!

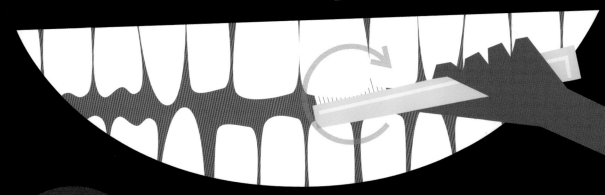

2 동글동글 작은 원을 그리며 부드럽게 칫솔질해요.
한쪽 끝에서 시작해서 반대편 끝까지 골고루 닦아요.

바른 칫솔질

칫솔질을 위아래로 하지 말아요. 잇몸이 상할 수 있으니까요.

틀린 칫솔질

모든 이를 구석구석 꼼꼼히 칫솔질해요.
3분 이상 쓱쓱 싹싹 이를 닦아요.

다음 단계 ➡

3 뽀글뽀글 거품 나는 치약을 뱉어요.

4 입 안에 있는 치약이 완전히 씻길 때까지 물로 깨끗이 헹구어요. 우물우물…… 퉤!

하루 세 번은 이를 닦아야 해요.
아침 식사 후, 점심 식사 후, 잠자러 가기 전에 닦아요.

악어 이빨은 악어새가 깨끗이 청소해 주어요.

웩!

고대 로마 사람들은 동물 뼈, 달걀 껍데기, 조개 껍데기를 갈아 꿀에 섞어서 치약으로 썼어요.

옛날 칫솔은 소와 돼지의 털로 만들었어요.

치실

치실을 사용하면 이와 잇몸의 건강을 지킬 수 있어요.
치실이라는 가는 실을 이와 이 사이에 넣어 칫솔이 닿지 않는 곳의
음식물 찌꺼기와 치태를 없애는 거예요. 어린이도 이와 이 사이 틈새가 없어지면
바로 치실을 사용해야 해요. 매일 잠자리에 들기 전에 사용하면 좋아요.

원시인도 치실과 이쑤시개를
사용했대요. 과학자들이
원시인 화석의 이 사이에서
치실과 이쑤시개를 발견했어요.

19

치과

치과의사 선생님은 충치나 잇몸병이 있는지 검사하고 병든 곳을 치료해 주어요.

의사 선생님은 **엑스선 사진**을 찍어서 충치가 있는지 살펴보아요.

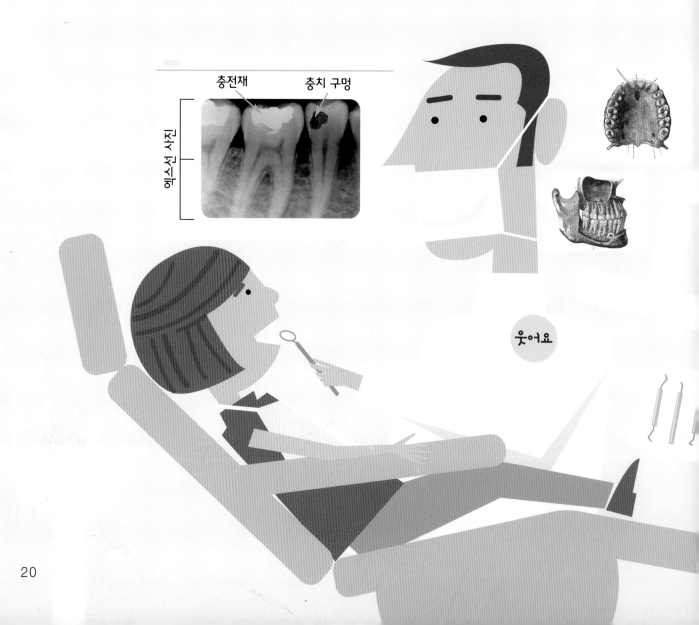

충전재　　충치 구멍

엑스선 사진

웃어요

충치가 발견되면 의사 선생님이 치료를 시작할 거예요.
치료 전에 잇몸에 마취제를 주사할 수도 있어요.
마취제는 이의 감각을 없애서, 치료받는 동안 아픔을
느끼지 않게 해 주어요.

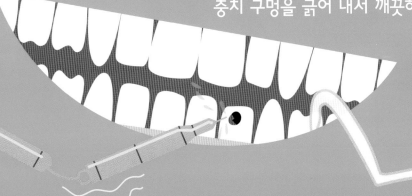

충치 구멍

마취제 약효가 퍼지면, 의사 선생님은 치과용 드릴로
충치 구멍을 긁어 내서 깨끗하게 만들어요.

작은 고무관으로 입에
고이는 물과 침을 빨아 내지요.

그리고 충치 구멍을 충전재로 메울 거예요.
충전재는 금방 단단해지기 때문에
치료가 끝나면 바로 음식을 씹어 먹을 수 있어요.

충전재

이발 &
이도
뽑니다

1200년대에는 치과의사가 없었어요.
대신 이발사가 썩은 이를 빼 주었답니다.

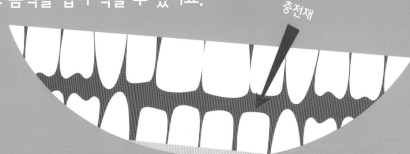

더 있어요.

일반 병원에서 간호사가 하는 일을 치과에서는 **위생사**가 맡아 하지요.
치과위생사는 특수한 도구로 이를 깨끗하게 관리해 주고, 올바른 칫솔질과
치실 이용법도 알려 준답니다.

건강한 이, 튼튼한 잇몸을 유지하려면 일 년에 **두** 번은 치과에 가야 해요.

이에 좋은 음식

좋은 음식을 먹어야 이와 잇몸을 건강하게 유지할 수 있어요.

음식물 속에 들어 있는 **비타민, 칼슘, 플루오르**는 이를 튼튼하게 하고

썩지 않게 도와 주어요.

비타민 B

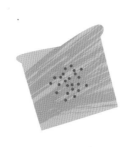

통곡물로 만든 식빵과 시리얼, 버섯, 돼지고기에
많은 비타민 B는 잇몸을 튼튼하게 만들어요.

비타민 C

오렌지, 자몽, 생과일 주스에 많은 비타민 C는
충치와 잇몸병을 일으키는 세균들을 물리쳐요.
하지만 생과일 주스에도 당분이 많이 들어 있으니
너무 많이 마시지는 말아요.

더 있어요. ➡

칼슘

칼슘은 우유, 요구르트, 치즈, 녹색 채소에
들어 있는 영양소예요. 이를 튼튼하게 해 주지요.

플루오르

불소라고도 하는 플루오르는 이가 썩지 않게 해 주어요.
플루오르는 대추에 많이 들어 있어요.
어떤 나라에서는 수돗물에 플루오르를 넣기도 해요.
플루오르는 치약을 만드는 데 쓰여요.

설탕은 이에 나빠요

이 표면의 치태 속에 사는 세균들은 설탕을 먹고 산성 물질을 내놓아요.
이런 물질이 이의 표면을 녹이면 충치가 생기지요. 설탕은 사탕, 과자, 케이크, 초콜릿,
아이스크림, 껌, 탄산음료 등에 들어 있어요. 그러니까 단것을 너무 많이
먹으면 안 돼요. 단것을 먹은 뒤에는 깨끗이 이닦기! 잊지 말아요.

영국 여왕 엘리자베스 1세는
각설탕을 너무 많이
먹는 바람에 이가 썩었어요.

도와 주세요

이가 아파요.

1. 따뜻한 물로 입 안을 깨끗이 헹구어요.
2. 너무 뜨겁거나 찬 음식은 먹지 말아요.
3. 치과에 전화를 걸어 상담하세요.

영구치가 빠졌어요.

1. 이 뿌리는 만지지 말아요.
2. 우유로 입 안을 깨끗이 헹구어요.
3. 할 수 있다면 빠진 이를 다시 끼워요.
   제자리에 끼운 다음, 손가락으로
   부드럽게 고정시켜요.
4. 못 끼웠으면 빠진 이를 우유에 담가요.
5. 가능한 한 빨리 치과로 가세요.

이가 부러졌어요.

1. 부러진 이를 잘 보관해요.
2. 따뜻한 물로 입 안을 헹구어요.
3. 딱딱한 음식을 먹지 말아요.
4. 치과에 가서 진료를 받아요.

소 금

잇몸에서 피가 나요.

1. 따뜻한 소금물로 입 안을 헹구어요.
2. 치과에 가서 진료를 받아요.

이를 보호해요

마우스가드는 운동할 때 입 안에 끼우는 보호 장치로,
말랑말랑한 플라스틱으로 만들었어요.
넘어지거나, 다른 사람의 팔꿈치에 부딪치거나,
공에 맞을 경우 이가 다치지 않도록 감싸 주지요.
헬멧이 머리를 보호하는 것과 같은 이치랍니다.

하지 말아요

연필, 자, 딱딱한 사탕
같은 것을 세게 물지 마세요.
이와 잇몸이 상할 수 있어요.

입 안에 무언가를 물고
뛰지 말아요. 넘어지면
이가 다칠 수 있어요.

이를 너무 세게 다물거나
갈지 말아요. 이를 보호하는
법랑질이 닳아
없어질 수 있어요.

계단에서 뛰면 위험해요.
손잡이를 잡아요.

다른 사람을 갑자기
치거나 떠밀지
말아요.

장난감을 아무데나
흩어 놓지 말아요.
걸려서 넘어져요.

설탕이 들어간 음식이나
음료수를 너무 많이
먹지 마세요.

손톱을 물어뜯으면
안 돼요.

아야!

건강한 이와 잇몸

1. 털이 부드러운 칫솔로 하루에 세 번 이를 닦아요.

2. 잠자리에 들기 전에 치실로 이와 이 사이를 닦아요.

3. 칫솔은 석 달에 한 번 교체해요.

4. 일 년에 두 번은 치과에 가서 검사를 받아요.

5. 이와 잇몸에 좋은 음식을 먹어요.

6. 단것이나 과일을 먹은 다음에는 이를 닦거나 입 안을 물로 헹구어요.

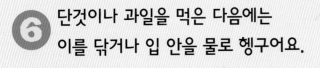

이와 잇몸이 건강할 때 가장 좋은 점은?

방긋방긋
예쁜
웃음

에드워드 밀러는 전문 북 디자이너로 미국 뉴욕에 살고 있습니다.
《초록괴물의 건강밥상 대작전》을 쓰고 그렸으며, 《분수야, 놀자!》, 《머리에서 발끝까지》 등
여러 책에 그림을 그렸습니다.

윤소영은 서울대학교에서 생물교육학을 전공하고 과학세대 기획위원으로 과학 도서를 기획, 집필, 번역하였습니다.
지금은 중학교 교사로서 중학생들과 함께 과학 사랑의 희망을 일구며, 과학 도서를 집필, 번역, 감수하는 일을 통해
어린이와 청소년, 과학을 전공하지 않은 어른들이 과학을 좋아하고 과학자처럼 생각할 수 있도록 하는 데 작은 힘을 보태고 있습니다.
2005년 《종의 기원, 자연선택의 신비를 밝히다》로 대한민국 과학문화상 도서부문을 수상하였으며, 과학 교과서 집필에도 참여하였습니다.
지은 책으로 《교실밖 생물여행》 《생명 탐험대, 시간 다이얼을 돌려라》 《윤소영 선생님의 생물 에세이》 등이 있고,
옮긴 책으로는 《빌 아저씨의 과학 교실》 《세상에서 가장 재미있는 유전학》, '샘의 신나는 과학 시리즈'
등이 있으며, 《생명의 시작》 《우리 몸 털털털》 등의 책을 감수하였습니다.

치아 관리에 관한 전문 지식을 제공해 주신 컬럼비아대학교 치과대학 소아치과 과장
스티븐 츄시드 치의학 박사님께 깊은 감사의 마음을 전합니다.

— 에드워드 밀러 —

아이세움 지식그림책 026

글·그림 에드워드 밀러 | 옮긴이 윤소영 | 펴낸날 2009년 1월 10일 초판 1쇄, 2009년 9월 15일 초판 2쇄
펴낸이 김창식 | 본부장 김상수 | 개발팀장 박철주 | 편집 송미경, 이혜정, 권은경 | 디자인 이향란, 디자인아이
마케팅 황선범, 안형태, 최병화, 정원식, 정동원, 김동명 | 홍보 황영아, 김정아, 허인진 | 제작·관리 이영호, 송정훈, 오경신, 장동숙
펴낸곳 (주) 미래엔 컬처그룹 | 등록 1950년 11월 1일 제16-67호 | 주소 서울시 서초구 잠원동 41-10
전화 마케팅 3475-3843, 3847 편집 3475-3947 팩스 541-8249 | 홈페이지 주소 http://www.i-seum.com

THE TOOTH BOOK - A Guide to Healthy Teeth and Gums
by Edward Miller
Copyright© 2008 by Edward Miller III
All rights reserved.
Korean Translation Copyright© 2009 by Mirae N Culture Group Co., Ltd.
This Korean edition was published by arrangement with Holiday House, Inc., New York
through KCC(Korea Copyright Center Inc.), Seoul.

이 책은 미국의 Holiday House, Inc.와 독점 계약하여 한국어판 출판권이 (주) 미래엔 컬처그룹에 있으니,
발행인의 사전 동의 없이는 어떤 목적으로도 사용할 수 없습니다.

ISBN 978-89-378-4494-2 77510
값 9,000원

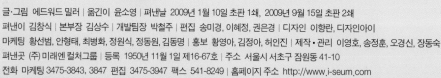

치실